LA CUCINA INDIANA

2021

RICETTE AUTENTICHE DELLA TRADIZIONE INDIANA PER PRINCIPIANTI

ANILA KUMARI

Sommario

Murgh Bagan-e-Bahar

(Cosce di pollo alla griglia)

Per 4 persone

ingredienti

Sale qb

1 ½ cucchiaino di pasta di zenzero

1 ½ cucchiaino di pasta all'aglio

1 cucchiaino di garam masala

8 cosce di pollo

30 g di foglie di menta tritate finemente

2 cucchiai di semi di melograno essiccati

50 g di yogurt

1 cucchiaino di pepe nero macinato

Succo di 1 limone

Chaat Masala* assaggiare

Metodo

- Mescolare il sale, la pasta di zenzero, la pasta d'aglio e il garam masala. Fate delle incisioni sulle cosce e fatele marinare con questo composto per 1 ora.

- Macina insieme gli ingredienti rimanenti, tranne il chaat masala.

- Mescolare il composto macinato con il pollo e mettere da parte per 4 ore.

- Griglia il pollo per 30 minuti. Cospargere con il chaat masala. Servire.

Pollo al BURRO

Per 4 persone

ingredienti

1 kg di pollo, tagliato in 12 pezzi

Sale qb

1 cucchiaino di curcuma

Succo di 1 limone

4 cucchiai di burro

3 cipolle grandi, tritate finemente

1 cucchiaino di pasta di zenzero

1 cucchiaino di pasta all'aglio

1 cucchiaio di coriandolo macinato

4 pomodori grandi, ridotti in purea

125 g di yogurt

Metodo

- Marinare il pollo con il sale, la curcuma e il succo di limone per un'ora.

- Riscaldare il burro in una casseruola. Aggiungere le cipolle e friggere fino a renderle traslucide.

- Aggiungere la pasta di zenzero, la pasta all'aglio e il coriandolo macinato. Friggere a fuoco medio per 5 minuti.

- Aggiungere il pollo marinato. Friggi per 5 minuti. Aggiungere la passata di pomodoro e lo yogurt. Coprite con un coperchio e lasciate cuocere per 35 minuti. Servire caldo.

Pollo Sukha

(Pollo secco)

Per 4 persone

ingredienti

2 cucchiai di olio vegetale raffinato

4 cipolle grandi, tritate finemente

1 kg di pollo, tagliato in 12 pezzi

4 pomodori, tritati finemente

1 cucchiaino di curcuma

2 peperoncini verdi, affettati

8 spicchi d'aglio, schiacciati

5 cm di radice di zenzero, grattugiato

2 cucchiai di garam masala

2 cubetti di brodo di pollo

Sale qb

50 g di foglie di coriandolo tritate

Metodo

- Scalda l'olio in una casseruola. Friggere le cipolle a fuoco medio fino a dorarle. Aggiungere gli altri ingredienti, tranne le foglie di coriandolo.

- Mescolare bene e cuocere a fuoco lento per 40 minuti, mescolando di tanto in tanto.

- Guarnire con le foglie di coriandolo. Servire caldo.

Pollo Arrosto Indiano

Per 4 persone

ingredienti

1 kg di pollo

1 cucchiaio di succo di limone

Sale qb

2 cipolle grandi

Zenzero di radice di 2,5 cm

4 spicchi d'aglio

3 chiodi di garofano

3 baccelli di cardamomo verde

5 cm di cannella

4 cucchiai di olio vegetale raffinato

200 g di pangrattato

2 mele, tritate

4 uova sode, tritate

Metodo

- Marinare il pollo con il succo di limone e il sale per 1 ora.

- Macina insieme le cipolle, lo zenzero, l'aglio, i chiodi di garofano, il cardamomo e la cannella con abbastanza acqua per formare una pasta liscia.

- Scalda l'olio in una casseruola. Aggiungere la pasta e friggere a fuoco lento per 7 minuti. Aggiungere il pangrattato, le mele e il sale. Cuocere per 3-4 minuti.

- Farcite il pollo con questa miscela e arrostite in forno a 230 ° C (450 ° F, Gas Mark 8) per 40 minuti. Guarnire con le uova. Servire caldo.

Spicy Scramble

Per 4 persone

ingredienti

3 cucchiai di olio vegetale raffinato

750 g di salsicce di pollo da 10 once, a fette

4 peperoni verdi, tagliati a julienne

1 cucchiaino di peperoncino in polvere

2 cucchiaini di cumino macinato

10 spicchi d'aglio, tritati finemente

3 pomodori, tagliati in quarti

4 cucchiai di acqua fredda

½ cucchiaino di pepe appena macinato

Sale qb

4 uova, leggermente sbattute

Metodo

- Scalda l'olio in una casseruola. Aggiungere le salsicce e friggere a fuoco medio fino a dorarle. Aggiungere tutti gli altri ingredienti, tranne le uova. Mescolare bene. Cuocere a fuoco lento per 8-10 minuti.

- Aggiungere delicatamente le uova e mescolare finché le uova non sono pronte. Servire caldo.

Pollo al curry con cocco secco

Per 4 persone

ingredienti

1 kg di pollo, tagliato in 12 pezzi

Sale qb

Succo di mezzo limone

1 cipolla grande, affettata

4 cucchiai di cocco essiccato

1 cucchiaino di curcuma

8 spicchi d'aglio

Zenzero di radice di 2,5 cm

½ cucchiaino di semi di finocchio

1 cucchiaino di garam masala

1 cucchiaino di semi di papavero

4 cucchiai di olio vegetale raffinato

500ml / 16fl oz di acqua

Metodo

- Marinare il pollo con il sale e il succo di limone per 30 minuti.

- Arrostire a secco la cipolla e il cocco per 5 minuti.

- Mescolare con tutti gli ingredienti rimanenti, tranne l'olio e l'acqua. Macinare con abbastanza acqua per formare una pasta liscia.

- Scalda l'olio in una casseruola. Aggiungere la pasta e friggere a fuoco lento per 7-8 minuti. Aggiungi il pollo e l'acqua. Fai bollire per 40 minuti. Servire caldo.

Pollo semplice

Per 4 persone

ingredienti

1 kg di pollo, tagliato in 8 pezzi

Sale qb

1 cucchiaino di peperoncino in polvere

½ cucchiaino di curcuma

3 cucchiai di olio vegetale raffinato

2 cipolle grandi, affettate finemente

1 cucchiaino di pasta di zenzero

1 cucchiaino di pasta all'aglio

4-5 peperoncini rossi interi, privati dei semi

4 pomodorini, tritati finemente

1 cucchiaio di garam masala

250ml / 8fl oz di acqua

Metodo

- Marinare il pollo con il sale, il peperoncino in polvere e la curcuma per 1 ora.

- Scalda l'olio in una casseruola. Aggiungere le cipolle e friggere a fuoco medio fino a dorarle. Aggiungere la pasta di zenzero e la pasta di aglio. Friggere per 1 minuto.

- Aggiungere il pollo marinato e gli altri ingredienti. Mescolare bene. Coprite con un coperchio e lasciate cuocere per 40 minuti. Servire caldo.

Curry di pollo del sud

Per 4 persone

ingredienti

1 cucchiaino di pasta di zenzero

1 cucchiaino di pasta all'aglio

2 peperoncini verdi, tritati finemente

1 cucchiaino di succo di limone

Sale qb

1 kg di pollo, tagliato in 10 pezzi

3 cucchiai di olio vegetale raffinato

2,5 cm di cannella

3 baccelli di cardamomo verde

3 chiodi di garofano

1 anice stellato

2 foglie di alloro

3 cipolle grandi, tritate finemente

½ cucchiaino di peperoncino in polvere

½ cucchiaino di curcuma

1 cucchiaio di coriandolo macinato

250ml / 8fl oz di latte di cocco

Per il condimento:

½ cucchiaino di semi di senape

8 foglie di curry

3 peperoncini rossi secchi interi

Metodo

- Mescolare insieme la pasta di zenzero, la pasta di aglio, i peperoncini verdi, il succo di limone e il sale. Marinare il pollo con questa miscela per 30 minuti.

- Scaldare metà dell'olio in una casseruola. Aggiungere la cannella, il cardamomo, i chiodi di garofano, l'anice stellato e le foglie di alloro. Lasciali scoppiettare per 30 secondi.

- Aggiungere le cipolle e friggerle a fuoco medio finché non diventano dorate.

- Aggiungere il pollo marinato, il peperoncino in polvere, la curcuma e il coriandolo macinato. Mescolare bene e coprire con un coperchio. Cuocere a fuoco lento per 20 minuti.

- Aggiungi il latte di cocco. Mescolare bene e cuocere per altri 10 minuti, mescolando spesso. Mettere da parte.

- Riscaldare l'olio rimanente in una piccola casseruola. Aggiungi gli ingredienti del condimento. Lasciali scoppiettare per 30 secondi.

- Versare questo condimento nel pollo al curry. Mescolate bene e servite ben caldo.

Spezzatino di pollo in latte di cocco

Per 4 persone

ingredienti

2 cucchiai di olio vegetale raffinato

2 cipolle, tagliate in 8 pezzi ciascuna

1 cucchiaino di pasta di zenzero

1 cucchiaino di pasta all'aglio

3 peperoncini verdi, tagliati nel senso della lunghezza

2 cucchiai di garam masala

8 cosce di pollo

750ml / 1¼ pinte di latte di cocco

Verdure miste surgelate 200 g

Sale qb

2 cucchiaini di farina di riso, sciolti in 120 ml di acqua

Metodo

- Scalda l'olio in una casseruola. Aggiungere le cipolle, la pasta di zenzero, la pasta di aglio, i peperoncini verdi e il garam masala. Friggere per 5 minuti, mescolando continuamente.

- Aggiungere le bacchette e il latte di cocco. Mescolare bene. Fai bollire per 20 minuti.

- Aggiungere le verdure e il sale. Mescolare bene e cuocere per 15 minuti.

- Aggiungere la miscela di farina di riso. Cuocere a fuoco lento per 5-10 minuti e servire caldo.

Chandi Tikka

(Pezzi di pollo fritti ricoperti di farina d'avena)

Per 4 persone

ingredienti

1 cucchiaio di succo di limone

1 cucchiaino di pasta di zenzero

1 cucchiaino di pasta all'aglio

75 g di formaggio cheddar

200 g di yogurt

¾ cucchiaino di pepe bianco macinato

1 cucchiaino di semi di cumino nero

Sale qb

4 petti di pollo

1 uovo, sbattuto

45 g di farina d'avena

Metodo

- Mescolare insieme tutti gli ingredienti, tranne i petti di pollo, l'uovo e la farina d'avena. Marinare il pollo con questa miscela per 3-4 ore.

- Immergere i petti di pollo marinati nell'uovo, ricoprire con la farina d'avena e grigliare per un'ora girando di tanto in tanto. Servire caldo.

Pollo tandoori

Per 4 persone

ingredienti

1 cucchiaio di succo di limone

2 cucchiaini di pasta di zenzero

2 cucchiaini di pasta all'aglio

2 peperoncini verdi, finemente grattugiati

1 cucchiaio di foglie di coriandolo, macinate

1 cucchiaino di peperoncino in polvere

1 cucchiaio di garam masala

1 cucchiaio di papaya cruda macinata

½ cucchiaino di colorante alimentare arancione

1 ½ cucchiaio di olio vegetale raffinato

Sale qb

1 kg di pollo intero

Metodo

- Mescola tutti gli ingredienti, tranne il pollo. Fate delle incisioni sul pollo e fatelo marinare con questa miscela per 6-8 ore.

- Arrostire il pollo in forno a 200 ° C (400 ° F, Gas Mark 6) per 40 minuti. Servire caldo.

Murgh Lajawab

(Pollo cucinato con spezie indiane ricche)

Per 4 persone

ingredienti

1kg / 2¼lb di pollo, tagliato in 8 pezzi 1 cucchiaino di pasta di zenzero

1 cucchiaino di pasta all'aglio

4 cucchiai di burro chiarificato

2 cucchiaini di semi di papavero, macinati

1 cucchiaino di semi di melone*, terra

6 mandorle

3 baccelli di cardamomo verde

¼ di cucchiaino di noce moscata macinata

1 cucchiaino di garam masala

2 pezzi di mazza

Sale qb

750ml / 1¼ pinte di latte

6 fili di zafferano

Metodo

- Marinare il pollo con la pasta di zenzero e l'aglio per un'ora.

- Riscaldare il burro chiarificato in una casseruola e friggere il pollo marinato per 10 minuti a fuoco medio.

- Aggiungere tutti i restanti ingredienti tranne il latte e lo zafferano. Mescolare bene, coprire con un coperchio e cuocere a fuoco lento per 20 minuti.

- Aggiungere il latte e lo zafferano e cuocere a fuoco lento per 10 minuti. Servire caldo.

Pollo Lahori

(Pollo alla frontiera nordoccidentale)

Per 4 persone

ingredienti

50 g di yogurt

1 cucchiaino di pasta di zenzero

1 cucchiaino di pasta all'aglio

1 cucchiaino di peperoncino in polvere

½ cucchiaino di curcuma

1 kg di pollo, tagliato in 12 pezzi

4 cucchiai di olio vegetale raffinato

2 cipolle grandi, tritate finemente

1 cucchiaino di semi di sesamo, macinati

1 cucchiaino di semi di papavero, macinati

10 anacardi, macinati

2 peperoni verdi grandi, privati dei semi e tritati finemente

500ml / 16fl oz di latte di cocco

Sale qb

Metodo

- Mescolare insieme lo yogurt, la pasta di zenzero, la pasta di aglio, il peperoncino in polvere e la curcuma. Marinare il pollo con questa miscela per 1 ora.

- Scalda l'olio in una casseruola. Friggere le cipolle a fuoco lento fino a dorarle.

- Aggiungere il pollo marinato. Friggi per 7-8 minuti. Aggiungere tutti gli altri ingredienti e cuocere per 30 minuti, mescolando di tanto in tanto. Servire caldo.

Fegato di pollo

Per 4 persone

ingredienti

3 cucchiai di olio vegetale raffinato

2 cipolle grandi, affettate finemente

5 spicchi d'aglio, tritati

8 fegatini di pollo

1 cucchiaino di pepe nero macinato

1 cucchiaino di succo di limone

Sale qb

Metodo

- Scalda l'olio in una casseruola. Aggiungere le cipolle e l'aglio. Friggere a fuoco medio per 3-4 minuti.

- Aggiungi tutti gli altri ingredienti. Friggere per 15-20 minuti, mescolando di tanto in tanto. Servire caldo.

Pollo Balti

ingredienti

4 cucchiai di burro chiarificato

1 cucchiaino di curcuma

1 cucchiaio di semi di senape

1 cucchiaio di semi di cumino

8 spicchi d'aglio, tritati finemente

Zenzero di radice di 2,5 cm, tritato finemente

3 cipolle piccole, tritate finemente

7 peperoncini verdi

750 g di petto di pollo 10 once, tritato

1 cucchiaio di coriandolo macinato

1 cucchiaio di panna liquida

1 cucchiaino di garam masala

Sale qb

Metodo

- Riscalda il burro chiarificato in una casseruola. Aggiungere la curcuma, i semi di senape e i semi di cumino. Lasciali scoppiettare per 30 secondi. Aggiungere l'aglio, lo zenzero, le cipolle e i peperoncini verdi e rosolare a fuoco medio per 2-3 minuti.

- Aggiungi tutti gli altri ingredienti. Cuocere a fuoco lento per 30 minuti, mescolando di tanto in tanto. Servire caldo.

Pollo piccante

ingredienti

8 cosce di pollo

2 cucchiaini di salsa al peperoncino verde

2 cucchiai di olio vegetale raffinato

2 cipolle grandi, affettate finemente

10 spicchi d'aglio, tritati finemente

Sale qb

Un pizzico di zucchero

2 cucchiaini di aceto di malto

Metodo

- Marinare il pollo con la salsa al peperoncino per 30 minuti.

- Scalda l'olio in una casseruola. Aggiungere le cipolle e friggere a fuoco medio fino a renderle traslucide.

- Aggiungere l'aglio, il pollo marinato e il sale. Mescolare bene e cuocere a fuoco lento per 30 minuti, mescolando di tanto in tanto.

- Aggiungere lo zucchero e l'aceto. Mescolare bene e servire caldo.

Pollo Dilruba

(Pollo in salsa ricca)

Per 4 persone

ingredienti

5 cucchiai di olio vegetale raffinato

20 mandorle, macinate

20 anacardi, macinati

2 cipolle piccole, macinate

5 cm di radice di zenzero, grattugiato

1 kg di pollo, tagliato in 8 pezzi

200 g di yogurt

240 ml di latte

1 cucchiaino di garam masala

½ cucchiaino di curcuma

1 cucchiaino di peperoncino in polvere

Sale qb

1 pizzico di zafferano, ammollato in 1 cucchiaio di latte

2 cucchiai di foglie di coriandolo tritate

Metodo

- Scalda l'olio in una casseruola. Aggiungere le mandorle, gli anacardi, le cipolle e lo zenzero. Friggere a fuoco medio per 3 minuti.

- Aggiungere il pollo e lo yogurt. Mescolare bene e cuocere a fuoco medio per 20 minuti.

- Aggiungere il latte, il garam masala, la curcuma, il peperoncino in polvere e il sale. Mescolare bene. Coprite con un coperchio e fate cuocere a fuoco lento per 20 minuti.

- Guarnire con lo zafferano e le foglie di coriandolo. Servire caldo.

Ali Di Pollo Fritte

Per 4 persone

ingredienti

¼ di cucchiaino di curcuma

1 cucchiaino di garam masala

1 cucchiaino di chaat masala*

Sale qb

1 uovo, sbattuto

Olio vegetale raffinato per friggere

12 ali di pollo

Metodo

- Mescolare la curcuma, il garam masala, il chaat masala, il sale e l'uovo per ottenere una pastella liscia.

- Scaldare l'olio in una padella antiaderente. Immergere le ali di pollo nella pastella e friggerle a fuoco medio fino a dorarle.

- Scolare su carta assorbente e servire caldo.

Murgh Mussalam

(Pollo ripieno)

Per 6 persone

ingredienti

2 cucchiai di burro chiarificato

2 cipolle grandi, grattugiate

4 baccelli di cardamomo nero, macinati

1 cucchiaino di semi di papavero

50 g di cocco essiccato

1 cucchiaino di macis

1 kg di pollo

4-5 cucchiai di besan*

2-3 foglie di alloro

6-7 baccelli di cardamomo verde

3 cucchiaini di pasta all'aglio

200 g di yogurt

Sale qb

Metodo

- Scalda ½ cucchiaio di burro chiarificato in una casseruola. Aggiungere le cipolle e friggere fino a doratura.

- Aggiungere il cardamomo, i semi di papavero, il cocco e il macis. Friggere per 3 minuti.

- Farcisci il pollo con questa miscela e cuci l'apertura. Mettere da parte.

- Riscaldare il burro chiarificato rimanente in una casseruola. Aggiungere tutti gli altri ingredienti e il pollo. Cuocere a fuoco lento per 1 ora e mezza, mescolando di tanto in tanto. Servire caldo.

Delizia di pollo

Per 4 persone

ingredienti

4 cucchiai di olio vegetale raffinato

5 cm di cannella in polvere

1 cucchiaio di cardamomo in polvere

8 chiodi di garofano macinati

½ cucchiaino di noce moscata grattugiata

2 cipolle grandi, macinate

10 spicchi d'aglio, schiacciati

Zenzero di radice di 2,5 cm, grattugiato

Sale qb

1 kg di pollo, tagliato in 8 pezzi

200 g di yogurt

300 g di passata di pomodoro

Metodo

- Scalda l'olio in una casseruola. Aggiungere la cannella, il cardamomo, i chiodi di garofano, la noce moscata, le cipolle, l'aglio e lo zenzero. Friggere a fuoco medio per 5 minuti.

- Aggiungere il sale, il pollo, lo yogurt e la passata di pomodoro. Mescolare bene e cuocere a fuoco lento per 40 minuti, mescolando spesso. Servire caldo.

Salli di pollo

(Pollo con Patatine Fritte)

Per 4 persone

ingredienti

Sale qb

1 cucchiaino di pasta di zenzero

1 cucchiaino di pasta all'aglio

1 kg di pollo tritato

3 cucchiai di olio vegetale raffinato

2 cipolle grandi, tritate finemente

1 cucchiaino di zucchero

4 pomodori, ridotti in purea

1 cucchiaino di curcuma

250 g di patatine semplici salate

Metodo

- Mescolare il sale, la pasta di zenzero e la pasta di aglio. Marinare il pollo con questa miscela per 1 ora. Mettere da parte.

- Scalda l'olio in una casseruola. Friggere le cipolle a fuoco lento fino a dorarle.

- Aggiungere il pollo marinato e lo zucchero, la passata di pomodoro e la curcuma. Coprire con un coperchio e cuocere a fuoco lento per 40 minuti, mescolando spesso.

- Cospargere le patatine e servire caldo.

Tikka di pollo fritto

Per 4 persone

ingredienti

1kg / 2¼lb di pollo disossato, tritato

1 litro / 1¾ pinte di latte

1 cucchiaino di zafferano

8 baccelli di cardamomo verde

5 chiodi di garofano

2,5 cm di cannella

2 foglie di alloro

250 g di riso Basmati

4 cucchiaini di semi di finocchio

Sale qb

150 g di yogurt

Olio vegetale raffinato per friggere

Metodo

- Mescolare il pollo con il latte, lo zafferano, il cardamomo, i chiodi di garofano, la cannella e le foglie di alloro. Cuocere in una casseruola a fuoco lento per 50 minuti. Mettere da parte.

- Macinate il riso con i semi di finocchio, il sale e l'acqua a sufficienza per formare una pasta fine. Aggiungere questa pasta allo yogurt e mescolare bene.

- Scaldare l'olio in una padella antiaderente. Immergere i pezzi di pollo nella miscela di yogurt e friggere a fuoco medio fino a doratura. Servire caldo.

Chicken Seekh

Per 4 persone

ingredienti

500 g di pollo, tritato

10 spicchi d'aglio, macinati

5 cm di radice di zenzero, tagliato a julienne

2 peperoncini verdi, tritati finemente

½ cucchiaino di semi di cumino nero

Sale qb

Metodo

- Mescolare il trito con tutti gli ingredienti e impastare fino a ottenere una pasta liscia. Dividi questa miscela in 8 porzioni uguali.

- Spiedini e griglia per 10 minuti.

- Servire caldo con chutney di menta

Nadan Kozhikari

(Pollo con Finocchi e Latte di Cocco)

Per 4 persone

ingredienti

½ cucchiaino di curcuma

2 cucchiaini di pasta di zenzero

Sale qb

1 kg di pollo, tagliato in 8 pezzi

1 cucchiaio di semi di coriandolo

3 peperoncini rossi

1 cucchiaino di semi di finocchio

1 cucchiaino di semi di senape

3 cipolle grandi

3 cucchiai di olio vegetale raffinato

750ml / 1¼ pinte di latte di cocco

250ml / 8fl oz di acqua

10 foglie di curry

Metodo

- Mescolare la curcuma, la pasta di zenzero e il sale per 1 ora. Marinare il pollo con questa miscela per 1 ora.

- Tostare a secco i semi di coriandolo, i peperoncini rossi, i semi di finocchio e i semi di senape. Mescolare con le cipolle e macinare fino a ottenere una pasta liscia.

- Scalda l'olio in una casseruola. Aggiungere la pasta di cipolla e soffriggere a fuoco lento per 7 minuti. Aggiungere il pollo marinato, il latte di cocco e l'acqua. Fai bollire per 40 minuti. Servire guarnito con le foglie di curry.

Pollo di mamma

ingredienti

3 cucchiai di olio vegetale raffinato

5 cm di cannella

2 baccelli di cardamomo verde

4 chiodi di garofano

4 cipolle grandi, tritate finemente

Zenzero di radice di 2,5 cm, grattugiato

8 spicchi d'aglio, schiacciati

3 pomodori grandi, tritati finemente

2 cucchiaini di coriandolo macinato

1 cucchiaino di curcuma

Sale qb

1 kg di pollo, tagliato in 12 pezzi

500ml / 16fl oz di acqua

Metodo

- Scalda l'olio in una casseruola. Aggiungere la cannella, il cardamomo e i chiodi di garofano. Lasciali scoppiettare per 15 secondi.

- Aggiungere le cipolle, lo zenzero e l'aglio. Friggere a fuoco medio per 2 minuti.

- Aggiungere gli altri ingredienti, tranne l'acqua. Friggi per 5 minuti.

- Versare l'acqua. Mescolare bene e cuocere a fuoco lento per 40 minuti. Servire caldo.

Methi Chicken

(Pollo cotto con foglie di fieno greco)

Per 4 persone

ingredienti

1 cucchiaino di pasta di zenzero

2 cucchiaini di pasta all'aglio

2 cucchiaini di coriandolo macinato

½ cucchiaino di chiodi di garofano macinati

Succo di 1 limone

1 kg di pollo, tagliato in 8 pezzi

4 cucchiaini di burro

1 cucchiaino di zenzero secco in polvere

2 cucchiai di foglie di fieno greco essiccate

50 g di foglie di coriandolo tritate

10 g di foglie di menta tritate finemente

Sale qb

Metodo

- Mescolare la pasta di zenzero, la pasta d'aglio, il coriandolo macinato, i chiodi di garofano e metà del succo di limone. Marinare il pollo con questa miscela per 2 ore.

- Cuocere in forno a 200 ° C (400 ° F, Gas Mark 6) per 50 minuti. Mettere da parte.

- Riscaldare il burro in una casseruola. Aggiungere il pollo arrosto e tutti gli altri ingredienti. Lancia bene. Cuocere per 5-6 minuti e servire caldo.

Cosce Di Pollo Piccanti

Per 4 persone

ingredienti

8-10 cosce di pollo, bucherellate con una forchetta

2 uova sbattute

100 g di semolino

Olio vegetale raffinato per friggere

Per la miscela di spezie:

6 peperoncini rossi

6 spicchi d'aglio

Zenzero di radice di 2,5 cm

1 cucchiaio di foglie di coriandolo tritate

6 chiodi di garofano

15 grani di pepe nero

Sale qb

4 cucchiai di aceto di malto

Metodo

- Macina gli ingredienti per la miscela di spezie fino a ottenere una pasta liscia. Marinare le bacchette con questa pasta per un'ora.

- Scaldare l'olio in una padella antiaderente. Immergere le cosce nell'uovo, rotolare nel semolino e friggere a fuoco medio fino a doratura. Servire caldo.

Dieter's Chicken Curry

Per 4 persone

ingredienti

1 cucchiaino di pasta di zenzero

1 cucchiaino di pasta all'aglio

200 g di yogurt

1 cucchiaino di peperoncino in polvere

½ cucchiaino di curcuma

2 pomodori, tritati finemente

1 cucchiaino di coriandolo macinato

1 cucchiaino di cumino macinato

1 cucchiaino di foglie di fieno greco essiccate, schiacciate

2 cucchiaini di garam masala

1 cucchiaino di mango sottaceto

Sale qb

750g / 1lb 10oz di pollo, tritato

Metodo

- Mescola tutti gli ingredienti, tranne il pollo. Marinare il pollo con questa miscela per 3 ore.
- Cuocere il composto in una pentola di coccio o in una casseruola a fuoco basso per 40 minuti. Aggiungere acqua se necessario. Servire caldo.

Pollo celeste

Per 4 persone

ingredienti

4 cucchiai di olio vegetale raffinato

1 kg di pollo, tagliato in 8 pezzi

Sale qb

1 cucchiaino di pepe

1 cucchiaino di curcuma

6 cipollotti, tritati finemente

250ml / 8fl oz di acqua

Per la miscela di spezie:

1 ½ cucchiaino di pasta di zenzero

1 ½ cucchiaino di pasta all'aglio

3 peperoni verdi, privati dei semi e affettati

2 peperoncini verdi

½ cocco fresco, grattugiato

2 pomodori, tritati finemente

Metodo

- Macina insieme gli ingredienti della miscela di spezie fino a ottenere una pasta liscia.
- Scalda l'olio in una casseruola. Aggiungere la pasta e friggere a fuoco lento per 7 minuti. Aggiungere gli altri ingredienti, tranne l'acqua. Friggi per 5 minuti. Aggiungi l'acqua. Mescolare bene e cuocere a fuoco lento per 40 minuti. Servire caldo.

Chicken Rizala

Per 4 persone

ingredienti

6 cucchiai di olio vegetale raffinato

2 cipolle grandi, affettate nel senso della lunghezza

1 cucchiaino di pasta di zenzero

1 cucchiaino di pasta all'aglio

2 cucchiai di semi di papavero, macinati

1 cucchiaio di coriandolo macinato

2 peperoni verdi grandi, tagliati a julienne

360ml / 12fl oz di acqua

1 kg di pollo, tagliato in 8 pezzi

6 baccelli di cardamomo verde

5 chiodi di garofano

200 g di yogurt

1 cucchiaino di garam masala

Succo di 1 limone

Sale qb

Metodo

- Scalda l'olio in una casseruola. Aggiungere le cipolle, la pasta di zenzero, la pasta di aglio, i semi di papavero e il coriandolo macinato. Friggere a fuoco lento per 2 minuti.

- Aggiungere tutti gli altri ingredienti e mescolare bene. Coprire con un coperchio e cuocere a fuoco lento per 40 minuti, mescolando di tanto in tanto. Servire caldo.

Sorpresa di pollo

Per 4 persone

ingredienti

150 g di foglie di coriandolo tritate

10 spicchi d'aglio

Zenzero di radice di 2,5 cm

1 cucchiaino di garam masala

1 cucchiaio di pasta di tamarindo

2 cucchiaini di semi di cumino

1 cucchiaino di curcuma

4 cucchiai d'acqua

Sale qb

1 kg di pollo, tagliato in 8 pezzi

Olio vegetale raffinato per friggere

2 uova sbattute

Metodo

- Macina tutti gli ingredienti, tranne il pollo, l'olio e le uova, fino a ottenere una pasta liscia. Marinare il pollo con questa pasta per 2 ore.

- Scaldare l'olio in una padella antiaderente. Immergi ogni pezzo di pollo nelle uova e friggi a fuoco medio fino a doratura. Servire caldo.

Pollo Al Formaggio

Per 4 persone

ingredienti

12 cosce di pollo

4 cucchiai di burro

1 cucchiaino di pasta di zenzero

1 cucchiaino di pasta all'aglio

2 cipolle grandi, tritate finemente

1 cucchiaino di garam masala

Sale qb

200 g di yogurt

Per la marinata:

1 cucchiaino di pasta di zenzero

1 cucchiaino di pasta all'aglio

1 cucchiaio di succo di limone

¼ di cucchiaino di garam masala

4 cucchiai di panna liquida

4 cucchiai di formaggio cheddar grattugiato

Sale qb

Metodo

- Forare le bacchette dappertutto con una forchetta. Mescola tutti gli ingredienti della marinata. Marinare le bacchette con questa miscela per 8-10 ore.

- Riscaldare il burro in una casseruola. Aggiungere la pasta di zenzero e la pasta di aglio. Friggere a fuoco medio per 1-2 minuti. Aggiungere tutti gli altri ingredienti, tranne lo yogurt. Friggi per 5 minuti.

- Aggiungere le cosce di pollo e lo yogurt. Fai bollire per 40 minuti. Servire caldo.

Manzo Korma

(Manzo cotto in salsa piccante)

Per 4 persone

ingredienti

4 cucchiai di olio vegetale raffinato

2 cipolle grandi, tritate finemente

675 g di manzo, tagliato a pezzi da 2,5 cm

360ml / 12fl oz di acqua

½ cucchiaino di cannella in polvere

120 ml di panna liquida

125 g di yogurt

1 cucchiaino di garam masala

Sale qb

10 g di foglie di coriandolo tritate finemente

Per la miscela di spezie:

1 ½ cucchiaio di semi di coriandolo

¾ cucchiai di semi di cumino

3 baccelli di cardamomo verde

4 grani di pepe nero

6 chiodi di garofano

Zenzero di radice di 2,5 cm

10 spicchi d'aglio

15 mandorle

Metodo

- Mescolare tutti gli ingredienti della miscela di spezie e macinare con abbastanza acqua per formare una pasta liscia. Mettere da parte.

- Scalda l'olio in una casseruola. Aggiungere le cipolle e friggerle a fuoco medio finché non diventano dorate.

- Aggiungere la pasta di miscela di spezie e la carne di manzo. Friggere per 2-3 minuti. Aggiungi l'acqua. Mescolare bene e cuocere a fuoco lento per 45 minuti.

- Aggiungere la cannella in polvere, la panna, lo yogurt, il garam masala e il sale. Mescola bene per 3-4 minuti.

- Guarnire il korma di manzo con le foglie di coriandolo. Servire caldo.

Dhal Kheema

(Tritare con Lenticchie)

Per 4 persone

ingredienti

675 g di agnello tritato

1 cucchiaino di pasta di zenzero

1 cucchiaino di pasta all'aglio

3 cipolle grandi, tritate finemente

360ml / 12fl oz di acqua

Sale qb

600 g / 1 libbra 5 once di chana dhal*, immerso in 250 ml di acqua per 30 minuti

½ cucchiaino di pasta di tamarindo

60ml / 2fl oz olio vegetale raffinato

4 chiodi di garofano

2,5 cm di cannella

2 baccelli di cardamomo verde

4 grani di pepe nero

10 g di foglie di coriandolo tritate finemente

Per la miscela di spezie:

2 cucchiaini di semi di coriandolo

3 peperoncini rossi

½ cucchiaino di curcuma

¼ di cucchiaino di semi di cumino

25 g di cocco fresco grattugiato

1 cucchiaino di semi di papavero

Metodo

- Tostare a secco tutti gli ingredienti della miscela di spezie insieme. Macina questa miscela con abbastanza acqua per formare una pasta liscia. Mettere da parte.

- Mescolare l'agnello tritato con la pasta di zenzero, la pasta di aglio, metà delle cipolle, l'acqua rimanente e il sale. Cuocere in una casseruola a fuoco medio per 40 minuti.

- Aggiungere il chana dhal insieme all'acqua in cui è stato messo a bagno. Mescolare bene. Fai bollire per 10 minuti.

- Aggiungere la pasta di miscela di spezie e la pasta di tamarindo. Coprire con un coperchio e cuocere a fuoco lento per 10 minuti, mescolando di tanto in tanto. Mettere da parte.

- Scaldare l'olio in una padella antiaderente. Aggiungere le cipolle rimanenti e friggerle a fuoco medio finché non diventano dorate.

- Aggiungere i chiodi di garofano, la cannella, il cardamomo e il pepe in grani. Friggi per un minuto.

- Togliete dal fuoco e versatelo direttamente sulla miscela di carne macinata. Mescola bene per un minuto.
- Guarnire il dhal kheema con le foglie di coriandolo. Servire caldo.

Curry di maiale

ingredienti

500 g di carne di maiale, tagliata a pezzi da 2,5 cm

1 cucchiaio di aceto di malto

6 foglie di curry

2,5 cm di cannella

3 chiodi di garofano

500ml / 16fl oz di acqua

Sale qb

2 patate grandi, tagliate a cubetti

3 cucchiai di olio vegetale raffinato

1 cucchiaino di garam masala

Per la miscela di spezie:

1 cucchiaio di semi di coriandolo

1 cucchiaino di semi di cumino

6 grani di pepe nero

½ cucchiaino di curcuma

4 peperoncini rossi

2 cipolle grandi, tritate finemente

Zenzero di radice di 2,5 cm, a fette

10 spicchi d'aglio, affettati

½ cucchiaino di pasta di tamarindo

Metodo

- Mescola insieme tutti gli ingredienti per la miscela di spezie. Macinare con abbastanza acqua per formare una pasta liscia. Mettere da parte.
- Mescolare il maiale con l'aceto, le foglie di curry, la cannella, i chiodi di garofano, l'acqua e il sale. Cuocere questo composto in una casseruola a fuoco medio per 40 minuti.
- Aggiungi le patate. Mescolare bene e cuocere a fuoco lento per 10 minuti. Mettere da parte.
- Scalda l'olio in una casseruola. Aggiungere il composto di spezie in pasta e soffriggere a fuoco medio per 3-4 minuti.
- Aggiungere il composto di maiale e il garam masala. Mescolare bene. Coprire con un coperchio e cuocere a fuoco lento per 10 minuti, mescolando di tanto in tanto.
- Servire caldo.

Shikampoore Kebab

(Kebab di agnello)

Per 4 persone

ingredienti

3 cipolle grandi

8 spicchi d'aglio

Zenzero di radice di 2,5 cm

6 peperoncini rossi secchi

4 cucchiai di burro chiarificato più un extra per friggere

1 cucchiaino di curcuma

1 cucchiaino di coriandolo macinato

½ cucchiaino di cumino macinato

10 mandorle, macinate

10 pistacchi, macinati

1 cucchiaino di garam masala

Un pizzico di cannella in polvere

1 cucchiaio di chiodi di garofano macinati

1 cucchiaio di cardamomo verde macinato

2 cucchiai di latte di cocco

Sale qb

1 cucchiaio di besan*

750g / 1lb 10oz di agnello, tritato

200 g di yogurt greco

1 cucchiaio di foglie di menta tritate finemente

Metodo

- Mescolare le cipolle, l'aglio, lo zenzero e i peperoncini.
- Macina questa miscela con abbastanza acqua per formare una pasta liscia.
- Riscalda il burro chiarificato in una casseruola. Aggiungere questa pasta e friggerla a fuoco medio per 1-2 minuti.
- Aggiungere la curcuma, il coriandolo macinato e il cumino macinato. Friggi per un minuto.
- Aggiungere le mandorle tritate, i pistacchi tritati, il garam masala, la cannella in polvere, i chiodi di garofano macinati e il cardamomo. Continua a friggere per 2-3 minuti.
- Aggiungere il latte di cocco e il sale. Mescolare bene. Mescola per 5 minuti.
- Aggiungere il besan e il trito. Mescolare bene. Cuocere a fuoco lento per 30 minuti, mescolando di tanto in tanto. Togliere dal fuoco e mettere da parte a raffreddare per 10 minuti.
- Una volta che il trito si sarà raffreddato, dividerlo in 8 palline e appiattirle ciascuna in una cotoletta. Mettere da parte.

- Montare bene lo yogurt con le foglie di menta. Mettere una grande cucchiaiata di questo composto al centro di ogni cotoletta schiacciata. Sigilla come un sacchetto, rotola in una palla e appiattisci di nuovo.
- Riscaldare il burro chiarificato in una padella antiaderente. Aggiungere le cotolette e friggerle a fuoco medio fino a doratura. Servire caldo.

Speciale montone

ingredienti

5 cucchiai di burro chiarificato

4 cipolle grandi, affettate

2 pomodori, affettati

675 g di montone, tagliato a pezzi da 3,5 cm

1 litro / 1¾ pinte di acqua

Sale qb

Per la miscela di spezie:

10 spicchi d'aglio

3 peperoncini verdi

Zenzero di radice di 3,5 cm

4 chiodi di garofano

2,5 cm di cannella

1 cucchiaio di semi di papavero

1 cucchiaino di semi di cumino nero

1 cucchiaino di semi di cumino

2 baccelli di cardamomo verde

2 cucchiai di semi di coriandolo

7 grani di pepe

5 peperoncini rossi secchi

1 cucchiaino di curcuma

1 cucchiaio di chana dhal*

25 g / scarse foglie di menta da 1 oncia

25 g / 1 oncia di foglie di coriandolo scarse

100 g di cocco fresco grattugiato

Metodo

- Mescolare insieme tutti gli ingredienti della miscela di spezie e macinare con abbastanza acqua per formare una pasta liscia. Mettere da parte.

- Riscalda il burro chiarificato in una casseruola. Aggiungere le cipolle e friggerle a fuoco medio finché non diventano dorate.

- Aggiungere la pasta di miscela di spezie. Friggere per 3-4 minuti, mescolando di tanto in tanto.

- Aggiungere i pomodori e il montone. Friggi per 8-10 minuti. Aggiungere l'acqua e il sale. Mescolare bene, coprire con un coperchio e cuocere a fuoco lento per 45 minuti, mescolando di tanto in tanto. Servire caldo.

Green Masala Chops

Per 4 persone

ingredienti

Costolette di montone da 750 g

Sale qb

360ml / 12fl oz olio vegetale raffinato

3 patate grandi, affettate

5 cm di cannella

2 baccelli di cardamomo verde

4 chiodi di garofano

3 pomodori, tritati finemente

¼ di cucchiaino di curcuma

120 ml di aceto

250ml / 8fl oz di acqua

Per la miscela di spezie:

3 cipolle grandi

Zenzero di radice di 2,5 cm

10-12 spicchi d'aglio

¼ di cucchiaino di semi di cumino

6 peperoncini verdi, tagliati nel senso della lunghezza

1 cucchiaino di semi di coriandolo

1 cucchiaino di semi di cumino

50 g di foglie di coriandolo tritate finemente

Metodo

- Marinare la carne di montone con il sale per un'ora.
- Mescola insieme tutti gli ingredienti della miscela di spezie. Macinare con abbastanza acqua per formare una pasta liscia. Mettere da parte.
- Scaldare metà dell'olio in una padella antiaderente. Aggiungere le patate e friggerle a fuoco medio finché non diventano dorate. Scolare e mettere da parte.
- Riscaldare l'olio rimanente in una casseruola. Aggiungere la cannella, il cardamomo e i chiodi di garofano. Lasciali scoppiettare per 20 secondi.
- Aggiungere la pasta di miscela di spezie. Friggere a fuoco medio per 3-4 minuti.
- Aggiungere i pomodori e la curcuma. Continua a friggere per 1-2 minuti.
- Aggiungere l'aceto e il montone marinato. Friggi per 6-7 minuti.
- Aggiungere l'acqua e mescolare bene. Coprire con un coperchio e cuocere a fuoco lento per 45 minuti, mescolando di tanto in tanto.
- Aggiungere le patate fritte. Cuocere per 5 minuti, mescolando continuamente. Servire caldo.

Kebab a strati

ingredienti

120ml / 4fl oz olio vegetale raffinato

100 g di pangrattato

Per lo strato bianco:

450 g di formaggio di capra, sgocciolato

1 patata grande, bollita

½ cucchiaino di sale

½ cucchiaino di pepe nero macinato

½ cucchiaino di peperoncino in polvere

Succo di mezzo limone

50 g di foglie di coriandolo tritate

Per lo strato verde:

200 g di spinaci

2 cucchiai di mung dhal*

1 cipolla grande, tritata finemente

Zenzero di radice di 2,5 cm

4 chiodi di garofano

¼ di cucchiaino di curcuma

1 cucchiaino di garam masala

Sale qb

250ml / 8fl oz di acqua

2 cucchiai di besan*

Per lo strato arancione:

1 uovo, sbattuto

1 cipolla grande, tritata finemente

1 cucchiaio di succo di limone

¼ di cucchiaino di colorante alimentare arancione

Per lo strato di carne:

500g / 1lb 2oz di carne, tritata

150 g / 5½ oz di mung dhal*, ammollo per 1 ora

5 cm di radice di zenzero

6 spicchi d'aglio

6 chiodi di garofano

1 cucchiaio di cumino macinato

1 cucchiaio di peperoncino in polvere

10 grani di pepe nero

600 ml / 1 pinta di acqua

Metodo

- Mescolare e impastare gli ingredienti dello strato bianco con un po 'di sale. Mettere da parte.

- Mescolare insieme tutti gli ingredienti dello strato verde, tranne il besan. Cuocere in una casseruola a fuoco lento per 45 minuti. Schiacciare con il besan e mettere da parte.

- Mescolare tutti gli ingredienti per lo strato di arancia con un po 'di sale. Mettere da parte.

- Per lo strato di carne, mescolare tutti gli ingredienti con un po 'di sale e cuocere in una casseruola a fuoco medio per 40 minuti. Raffreddare e schiacciare.

- Dividi la miscela di ogni strato in 8 porzioni. Formare delle palline e picchiettarle leggermente per formare delle cotolette. Metti 1 cotoletta di ogni strato sopra l'altro, in modo da ottenere otto polpette a 4 strati. Premere leggermente in spiedini di forma oblunga.

- Scaldare l'olio in una padella antiaderente. Arrotolare gli spiedini nel pangrattato e friggerli a fuoco medio finché non diventano dorati. Servire caldo.

Barrah Champ

(Costolette di agnello arrosto)

Per 4 persone

ingredienti

1 cucchiaino di pasta di zenzero

1 cucchiaino di pasta all'aglio

3 cucchiai di aceto di malto

675 g di costolette di agnello

400 g di yogurt greco

1 cucchiaino di curcuma

4 peperoncini verdi, tritati finemente

½ cucchiaino di peperoncino in polvere

1 cucchiaino di coriandolo macinato

1 cucchiaino di cumino macinato

1 cucchiaino di cannella in polvere

¾ cucchiaino di chiodi di garofano macinati

Sale qb

1 cucchiaio di chaat masala*

Metodo

- Mescolare la pasta di zenzero e la pasta di aglio con l'aceto. Marinare l'agnello con questa miscela per 2 ore.

- Mescola insieme tutti gli ingredienti rimanenti, tranne il chaat masala. Marinare le costolette di agnello con questa miscela per 4 ore.

- Infilzare le costolette e cuocere in forno a 200 ° C (400 ° F, Gas Mark 6) per 40 minuti.

- Guarnire con il chaat masala e servire caldo.

Sottaceto Di Agnello

Per 4 persone

ingredienti

10 peperoncini rossi secchi

10 spicchi d'aglio

Zenzero di radice di 3,5 cm

Sale qb

750ml / 1¼ pinte di acqua

2 cucchiai di yogurt

675 g di agnello, tagliato a pezzi da 2,5 cm

250ml / 8fl oz olio vegetale raffinato

1 ½ cucchiaino di curcuma

1 cucchiaio di semi di coriandolo

10 grani di pepe nero

3 baccelli di cardamomo nero

4 chiodi di garofano

3 foglie di alloro

1 cucchiaino di macis grattugiato

¼ di cucchiaino di noce moscata grattugiata

1 cucchiaino di semi di cumino

½ cucchiaino di semi di senape

100 g di cocco essiccato

½ cucchiaino di assafetida

Succo di 1 limone

Metodo

- Mescolare insieme i peperoncini rossi, l'aglio, lo zenzero e il sale. Macinare con abbastanza acqua per formare una pasta liscia.

- Mescola questa pasta con lo yogurt. Marinare la carne con questa miscela per 1 ora.

- Scaldare metà dell'olio in una casseruola. Aggiungere la curcuma, i semi di coriandolo, i grani di pepe, il cardamomo, i chiodi di garofano, le foglie di alloro, il macis, la noce moscata, i semi di cumino, i semi di senape e il cocco. Friggere a fuoco medio per 2-3 minuti.

- Macina la miscela con abbastanza acqua per formare una pasta densa.

- Aggiungere il restante olio in una casseruola. Aggiungi l'assafetida. Lascialo scoppiettare per 10 secondi.

- Aggiungere la pasta di semi di curcuma e coriandolo macinati. Friggere a fuoco medio per 3-4 minuti.

- Aggiungere l'agnello marinato e l'acqua rimanente. Mescolare bene. Coprire con un coperchio e cuocere a fuoco lento per 45 minuti. Mettere da parte a raffreddare.

- Aggiungere il succo di limone e mescolare bene. Conserva il sottaceto di agnello in un contenitore ermetico.

Curry di agnello di Goa

Per 4 persone

ingredienti

240ml / 6fl oz olio vegetale raffinato

4 cipolle grandi, tritate finemente

1 cucchiaino di curcuma

4 pomodori, ridotti in purea

675 g di agnello, tagliato a pezzi da 2,5 cm

4 patate grandi, tagliate a cubetti

600 ml / 1 pinta di latte di cocco

120 ml di acqua

Sale qb

Per la miscela di spezie:

4 baccelli di cardamomo verde

5 cm di cannella

6 grani di pepe nero

1 cucchiaino di semi di cumino

2 chiodi di garofano

6 peperoncini rossi

1 anice stellato

50 g di foglie di coriandolo tritate finemente

3 peperoncini verdi

1 cucchiaino di pasta di zenzero

1 cucchiaino di pasta all'aglio

Metodo

- Per preparare la miscela di spezie, tostare a secco il cardamomo, la cannella, i grani di pepe, i semi di cumino, i chiodi di garofano, i peperoncini rossi e l'anice stellato per 3-4 minuti.
- Macina questa miscela con gli ingredienti rimanenti della miscela di spezie e abbastanza acqua per formare una pasta liscia. Mettere da parte.
- Scalda l'olio in una casseruola. Aggiungere le cipolle e friggerle a fuoco medio finché non diventano traslucide.
- Aggiungere la curcuma e la passata di pomodoro. Friggi per 2 minuti.
- Aggiungere la pasta di miscela di spezie. Continua a friggere per 4-5 minuti.
- Aggiungere l'agnello e le patate. Friggi per 5-6 minuti.
- Aggiungere il latte di cocco, l'acqua e il sale. Mescolare bene. Coprite con un coperchio e cuocete il composto a fuoco lento per 45 minuti, mescolando di tanto in tanto. Servire caldo.

Carne di Bagara

(Carne cotta in una ricca salsa indiana)

Per 4 persone

ingredienti

120ml / 4fl oz olio vegetale raffinato

3 peperoncini rossi

1 cucchiaino di semi di cumino

10 foglie di curry

2 cipolle grandi

½ cucchiaino di curcuma

1 cucchiaino di peperoncino in polvere

1 cucchiaino di coriandolo macinato

1 cucchiaino di pasta di tamarindo

1 cucchiaino di garam masala

500 g di montone, a dadini

Sale qb

500ml / 16fl oz di acqua

Per la miscela di spezie:

2 cucchiai di semi di sesamo

2 cucchiai di cocco fresco, grattugiato

2 cucchiai di arachidi

Zenzero di radice di 2,5 cm

8 spicchi d'aglio

Metodo

- Mescola gli ingredienti per la miscela di spezie. Macina questa miscela con abbastanza acqua per formare una pasta liscia. Mettere da parte.
- Scalda l'olio in una casseruola. Aggiungere i peperoncini rossi, i semi di cumino e le foglie di curry. Lasciali scoppiettare per 15 secondi.
- Aggiungere le cipolle e la pasta di miscela di spezie. Friggere a fuoco medio per 4-5 minuti.
- Aggiungere gli altri ingredienti, tranne l'acqua. Friggi per 5-6 minuti.
- Aggiungi l'acqua. Mescolare bene. Coprire con un coperchio e cuocere a fuoco lento per 45 minuti. Servire caldo.

Fegato nel latte di cocco

Per 4 persone

ingredienti

750 g di fegato, tagliato a pezzi da 2,5 cm

½ cucchiaino di curcuma

Sale qb

500ml / 16fl oz di acqua

5 cucchiai di olio vegetale raffinato

3 cipolle grandi, tritate finemente

1 cucchiaio di zenzero, tritato finemente

1 cucchiaio di spicchi d'aglio, tritati finemente

6 peperoncini verdi, tagliati nel senso della lunghezza

3 patate grandi, tagliate a pezzi da 2,5 cm

1 cucchiaio di aceto di malto

500ml / 16fl oz di latte di cocco

Per la miscela di spezie:

3 peperoncini rossi secchi

2,5 cm di cannella

4 baccelli di cardamomo verde

1 cucchiaino di semi di cumino

8 grani di pepe nero

Metodo

- Mescolare il fegato con la curcuma, il sale e l'acqua. Cuocere in una casseruola a fuoco medio per 40 minuti. Mettere da parte.

- Mescolare insieme tutti gli ingredienti della miscela di spezie e macinare con abbastanza acqua per formare una pasta liscia. Mettere da parte.

- Scalda l'olio in una casseruola. Aggiungere le cipolle e friggerle a fuoco medio finché non diventano traslucide.

- Aggiungere lo zenzero, l'aglio e i peperoncini verdi. Friggi per 2 minuti.

- Aggiungere la pasta di miscela di spezie. Continua a friggere per 1-2 minuti.

- Aggiungere il composto di fegato, le patate, l'aceto e il latte di cocco. Mescola bene per 2 minuti. Coprire con un coperchio e cuocere a fuoco lento per 15 minuti, mescolando di tanto in tanto. Servire caldo.

Masala di Agnello con Yogurt

Per 4 persone

ingredienti

200 g di yogurt

Sale qb

675 g di agnello, tagliato a pezzi da 2,5 cm

4 cucchiai di olio vegetale raffinato

3 cipolle grandi, tritate finemente

3 carote, tagliate a dadini

3 pomodori, tritati finemente

120 ml di acqua

Per la miscela di spezie:

25 g di foglie di coriandolo scarse, tritate finemente

¼ di cucchiaino di curcuma

Zenzero di radice di 2,5 cm

2 peperoncini verdi

8 spicchi d'aglio

4 baccelli di cardamomo

4 chiodi di garofano

5 cm di cannella

3 foglie di curry

¾ cucchiaino di curcuma

2 cucchiaini di coriandolo macinato

1 cucchiaino di peperoncino in polvere

½ cucchiaino di pasta di tamarindo

Metodo

- Mescola insieme tutti gli ingredienti della miscela di spezie. Macinare con abbastanza acqua per formare una pasta liscia.
- Mescolare bene la pasta con lo yogurt e il sale. Marinare l'agnello con questa miscela per 1 ora.
- Scalda l'olio in una casseruola. Aggiungere le cipolle e friggerle a fuoco medio finché non diventano traslucide.
- Aggiungere le carote e i pomodori e soffriggere per 3-4 minuti.
- Aggiungere l'agnello marinato e l'acqua. Mescolare bene. Coprire con un coperchio e cuocere a fuoco lento per 45 minuti, mescolando di tanto in tanto. Servire caldo.

Korma a Khada Masala

(Agnello piccante in salsa densa)

Per 4 persone

ingredienti

75 g di burro chiarificato

3 baccelli di cardamomo nero

6 chiodi di garofano

2 foglie di alloro

½ cucchiaino di semi di cumino

2 cipolle grandi, affettate

3 peperoncini rossi secchi

Zenzero di radice di 2,5 cm, tritato finemente

20 spicchi d'aglio

5 peperoncini verdi, tagliati nel senso della lunghezza

675 g di montone, a dadini

½ cucchiaino di peperoncino in polvere

2 cucchiaini di coriandolo macinato

6-8 scalogni, pelati

200 g di piselli in scatola

750 ml / 1¼fl oz di acqua

Un pizzico di zafferano, sciolto in 2 cucchiai di acqua tiepida

Sale qb

1 cucchiaino di succo di limone

200 g di yogurt

1 cucchiaio di foglie di coriandolo tritate finemente

4 uova sode, tagliate a metà

Metodo

- Riscalda il burro chiarificato in una casseruola. Aggiungere il cardamomo, i chiodi di garofano, le foglie di alloro e i semi di cumino. Lasciali scoppiettare per 30 secondi.
- Aggiungere le cipolle e friggerle a fuoco medio finché non diventano dorate.
- Aggiungere i peperoncini rossi secchi, lo zenzero, l'aglio e i peperoncini verdi. Friggi per un minuto.
- Aggiungi il montone. Friggi per 5-6 minuti.
- Aggiungere il peperoncino in polvere, il coriandolo macinato, lo scalogno e i piselli. Continua a friggere per 3-4 minuti.
- Aggiungere l'acqua, il composto di zafferano, il sale e il succo di limone. Mescola bene per 2-3 minuti. Coprite con un coperchio e lasciate cuocere per 20 minuti.
- Scoprite la padella e aggiungete lo yogurt. Mescolare bene. Copri di nuovo e continua a cuocere a fuoco lento per 20-25 minuti, mescolando di tanto in tanto.
- Guarnire con le foglie di coriandolo e le uova. Servire caldo.

Curry di agnello e rognone

Per 4 persone

ingredienti

5 cucchiai di olio vegetale raffinato più una quantità extra per friggere

4 patate grandi, tagliate a strisce lunghe

3 cipolle grandi, tritate finemente

3 pomodori grandi, tritati finemente

¼ di cucchiaino di curcuma

1 cucchiaino di peperoncino in polvere

2 cucchiaini di coriandolo macinato

1 cucchiaino di cumino macinato

25 anacardi, tritati grossolanamente

4 rognoni, tagliati a dadini

500 g di agnello, tagliato a pezzi da 5 cm

Succo di 1 limone

1 cucchiaino di pepe nero macinato

Sale qb

500ml / 16fl oz di acqua

4 uova sode, tagliate in quarti

10 g di foglie di coriandolo tritate finemente

Per la miscela di spezie:

1 ½ cucchiaino di pasta di zenzero

1 ½ cucchiaino di pasta all'aglio

4-5 peperoncini verdi

4 baccelli di cardamomo

6 chiodi di garofano

1 cucchiaino di cumino nero

1 ½ cucchiaio di aceto di malto

Metodo

- Mescolare tutti gli ingredienti per la miscela di spezie e macinare con abbastanza acqua per formare una pasta liscia. Mettere da parte.

- Scaldare l'olio per friggere in una padella antiaderente. Aggiungere le patate e friggere a fuoco medio per 3-4 minuti. Scolare e mettere da parte.

- Scalda 5 cucchiai di olio in una casseruola. Aggiungere le cipolle e friggerle a fuoco medio finché non diventano traslucide.

- Aggiungere la pasta di miscela di spezie. Friggere per 2-3 minuti, mescolando spesso.

- Aggiungere i pomodori, la curcuma, il peperoncino in polvere, il coriandolo macinato e il cumino macinato. Continua a friggere per 2-3 minuti.

- Aggiungere gli anacardi, i rognoni e l'agnello. Friggi per 6-7 minuti.

- Aggiungere il succo di limone, il pepe, il sale e l'acqua. Mescolare bene. Coprire con un coperchio e cuocere a fuoco lento per 45 minuti, mescolando di tanto in tanto.

- Guarnire con le uova e le foglie di coriandolo. Servire caldo.

Gosht Gulfaam

(Montone con formaggio di capra)

Per 4 persone

ingredienti

675 g di montone disossato

300 g di formaggio di capra, sgocciolato

200 g / 7 once di khoya*

150 g di frutta secca mista, tritata finemente

6 peperoncini verdi, tritati finemente

25 g di foglie di coriandolo scarse, tritate finemente

2 uova sode

Per la salsa:

¾ cucchiaio di olio vegetale raffinato

3 cipolle grandi, tritate finemente

5 cm di radice di zenzero, tritato finemente

10 spicchi d'aglio, tritati finemente

3 pomodori, tritati finemente

1 cucchiaino di peperoncino in polvere

120 ml di brodo di agnello

Sale qb

Metodo

- Pat il montone piatto finché non assomiglia a una bistecca.

- Mescolare il formaggio di capra, il khoya, la frutta secca, i peperoncini verdi e le foglie di coriandolo. Impastare questa miscela fino a ottenere una pasta morbida.

- Stendete la pasta sopra il montone schiacciato e al centro mettete le uova.

- Arrotolare bene il montone in modo che la pasta e le uova rimangano all'interno. Avvolgere in un foglio e cuocere in forno a 180 ° C (350 ° F, Gas Mark 4) per 1 ora. Mettere da parte.

- Per preparare la salsa, scaldare l'olio in una casseruola. Aggiungere le cipolle e friggere a fuoco medio finché non diventano traslucide.

- Aggiungere lo zenzero e l'aglio. Friggi per un minuto.

- Aggiungere i pomodori e il peperoncino in polvere. Continua a friggere per 2 minuti, mescolando spesso.

- Aggiungere il brodo e il sale. Mescolare bene. Cuocere a fuoco lento per 10 minuti, mescolando di tanto in tanto. Mettere da parte.

- Affettare l'involtino di carne al forno e disporre le fette in un piatto da portata. Versateci sopra la salsa e servite ben calde.

Agnello Do Pyaaza

(Agnello con Cipolle)

Per 4 persone

ingredienti

120ml / 4fl oz olio vegetale raffinato

1 cucchiaino di curcuma

3 foglie di alloro

4 chiodi di garofano

5 cm di cannella

6 peperoncini rossi secchi

4 baccelli di cardamomo verde

6 cipolle grandi, 2 tritate, 4 affettate

3 cucchiai di pasta di zenzero

3 cucchiai di pasta all'aglio

2 pomodori, tritati finemente

8 scalogni, tagliati a metà

2 cucchiaini di garam masala

2 cucchiaini di coriandolo macinato

4 cucchiaini di cumino macinato

1½ cucchiaino di macis grattugiato

½ noce moscata grattugiata

2 cucchiaini di pepe nero macinato

Sale qb

675 g di agnello a dadini

250ml / 8fl oz di acqua

10 g di foglie di coriandolo tritate finemente

Zenzero di radice di 2,5 cm, tagliato a julienne

Metodo

- Scalda l'olio in una casseruola. Aggiungere la curcuma, le foglie di alloro, i chiodi di garofano, la cannella, i peperoncini rossi e il cardamomo. Lasciali scoppiettare per 30 secondi.

- Aggiungere le cipolle tritate. Friggerli a fuoco medio finché non diventano traslucidi.

- Aggiungere la pasta di zenzero e la pasta di aglio. Friggi per un minuto.

- Aggiungere i pomodori, lo scalogno, il garam masala, il coriandolo macinato, il cumino macinato, il macis, la noce moscata, il pepe e il sale. Continua a friggere per 2-3 minuti.

- Aggiungere l'agnello e le cipolle affettate. Mescolare bene e friggere per 6-7 minuti.

- Aggiungere l'acqua e mescolare per un minuto. Coprire con un coperchio e cuocere a fuoco lento per 30 minuti, mescolando di tanto in tanto.

- Guarnire con le foglie di coriandolo e lo zenzero. Servire caldo.

Lightning Source UK Ltd.
Milton Keynes UK
UKHW022052110521
383564UK00003B/306